edition heusteig

Von der Unschärfe der Wälder

Gedichte

Jutta v. Ochsenstein

Wolfgang Haenle

edition heusteig

Bibliografische Information der Deutschen Nationalbibliothek:
Die Deutsche Nationalbibliothek verzeichnet diese Publikation in der
Deutschen Nationalbibliografie; detaillierte bibliografische Daten sind
im Internet über https://dnb.dnb.de abrufbar.

Titel-Grafik: Ute Kledt https://www.annaloog.de

Herstellung und Verlag: BoD – Books on Demand, Norderstedt

ISBN: 978-3-7562-2968-0

Was sind das für Zeiten, wo
Ein Gespräch über Bäume fast ein Verbrechen ist

Bertolt Brecht

ratlos an der gabelung —
mein Grenzland liegt offen

von wildberg nach herrenberg

gegen mittag wird der regen stärker. du stehst unterm laub
setzt dir die mütze auf. ziehst die kapuze weit in die stirnhaut
der waldweg nimmt kein ende. kein zeichen. keine lichtung
schwimmhäute wachsen zu einer prozession. flurbereinigung

ratlos an der gabelung. die karte aufgeweicht. das gps hat
längst den himmel aufgegeben. der maßstab blind. du liest
einen weg mir aus den augen. nur liebe wird dich nicht
weiter führen. kein glockenschlag dringt aus den gräben

also querfeldein. vor dir das dickicht. kratzbürstig warst du
schon immer. wilde brombeerhecke. jenseits der farne deine
angst vor einem wildschwein. hätt ich nur meinen hund dabei

irgendwann werden sie uns finden. im nassen unterholz ein zelt
aus tannengrün. nebenan im astloch ein summen wie von quatro-
coptern. ein hornissenvolk. die ganze nacht zerfällt im grollen

WH

Fernweh

mein Grenzland liegt offen: die Buche trägt
meine Initialen, verwachsen mit Worten
Wolken in fernen Sprachen, Gerüche
entreißen mich dem bewohnten Ort
gegen den Wind
trage ich ein lichtes Bild
gute Laufschuhe über Grenzen
jedes Zögern kennt meine Machete
Nahrung finde ich unterm Holunder

JvO

appell

madame es hat gebimmelt. ihr weckruf
stehn sie auf. eine sms verlangt dass sie
den weg nach lembach nehmen
hinauf den kahlgeschorenen hügel der
nach dem frost auf zeichen wartet damit
die ersten gräser sprießen. löwenzahn

drüben über den eichwald zur lichtung
hinab ins feuchte tal zum nächsten bunker
eine wanderung entlang der linie maginot
das smartphone weiß wo ihr großvater
auf der lauer lag im wald und seine
wache schob. heute kennen sie alleine

die parole. der märz kurz nach dem letzten schnee
madame. ist die erste. beste gelegenheit für diese
excursion. das land ist frisch und gar nicht
müde wie im herbst. madame. nun stehn sie bitte auf
es geht schon gegen mittag. vorhänge verdunkeln
die erinnerung. das schadet ihrer zarten haut

ihr großvater will nicht dass falten aschgrau sie verderben
teuerste madame. die last kann ihnen ein blonder
junge nehmen. der fremdenführer wartet unten

WH

konfrontiert

den Weg entlang
stocken meine Blicke
am Wort in der Buchenrinde

angezogen von Blöße:
ein Fels nur
und deine Augen

Bilder irren wie Düfte
von Nähe: Wortspitzen
im Fleisch oder Narben

frei ist der Aufstieg
sie zu entstören
brüchig vom Hinschauen

JvO

pferdewanderer

als erstes erspähen wir die haube aus adlerfedern
hinter ein paar lichten zweigen. sein schaukeln
eine garbe kiesel rollt ihm voraus. ein regenmantel
und zwischen all den feinen tropfen. fast nicht
zu erkennen ein grau gescheckter gaul. unbeschlagen

packtaschen. ein paar stangen an der seite
ein wigwam und ein lasso. keine büchse. auch nicht
ein einziger revolver geschweige denn ein patronengurt
die mokassins. nicht trab. und nicht galopp. der schritt
des grauen eher ein flanieren. zwischen den gewannen

acht tage mit präzisen karten. umwege aushecken
durchs gäu. weit ab der nächsten stadt. sagt er zu uns
genügend heu für seinen schecken. für sich ein lagerfeuer
oder wenn es schlimm kommt mit dem regen einen stall
eine pause für sein pferd das lang nicht mehr so schwer getragen

ein schinken. pumpernickel. seine route vom main bei wertheim
bis zum neckar. dann nach horb. die bauern freundlich
er ist in friedlicher mission. zuhause warten fünfundzwanzig
kinder. fünfzig augen. fragen nach dem wilden westen er ist
ein häuptling ohne stamm. der letzte mohikaner

WH

sie wildert aus

den Gerüchen folgt sie
den Fragen und Wortwechseln
zwischen Aufklärung
Endzeit und dem Flimmern
das hier erwacht
      an jeder Kreuzung
      wechselt sie ihre Haut
          lacht
      unerkannt

JvO

auf dem damm

der alte geht mit dir den torfkanal entlang
an eiben. erlen. pappeln und sorgen vorbei
achtet nicht auf den nordwind und seine schnöden
lieder. schnee zementweise. langsam verdunstet
dein ballast. die arktis zuckt milde mit einer kaltfront
im osten. zwei winter schon und alle felder glänzen
der alte lässt dich ins ungewisse tappen. es ist wie früher
jeder hat seine eigene zielscheibe. scheinheilig suhlt sich
ein kolbenfresser im modder als wäre es frühling
der alte brüllt zu dir auf platt. weg von den pfützen im watt
dir stockt der atem. dat heff an de klunten lacht er. landratte
im dezember in die nesseln gepaast. du wischt den salzwind
von der stirn. die kalte luft zieht dir keine warmen stiefel an
der alte drängt als dir das licht ausgeht zu einem steifen grog

WH

kleine moorführung

das ist der damm. sagt er. der alles trägt. die gäule und
die karren. das unterholz. die heide knochentrocken
sein platter gang. ein malachit klebt ihm an seinem stecken
das reden fällt ihm schwer so früh im jahr. die erste wanderung

er gehe nie mehr ins gefängnis. schon gar nicht
wegen unsrer glut im wollgras. kippen. in seinem moor
vom weg abkommen. zweitausend jahre zählt die mumie
ein fingerabdruck fault. das dunkle kleid des torfs

vom graben zittern ihm die hände. das torfpfand
freigelegt mit einem spaten. für seinen kachelofen
erspart ihm einen winter frieren. der moorbrand wärmt

komm mädchen. drück mal diese faust voll moos
und ihre kleinen finger pressen so viel wasser
wie millimeter seiner vielen jahre aus. sagt er

WH

im Mischwald

verschlucken Laub und Moos
die Schritte, gefiltert
vom Kronendach zu Meeresluft, Gebirgsluft
meine Sprechwerkzeuge lösen sich
gemeinsam schmunzeln die Wörter
selbst Krypten sind leichter, heller hier
wenn jetzt noch der Bach Heilung vorplätschert

JvO

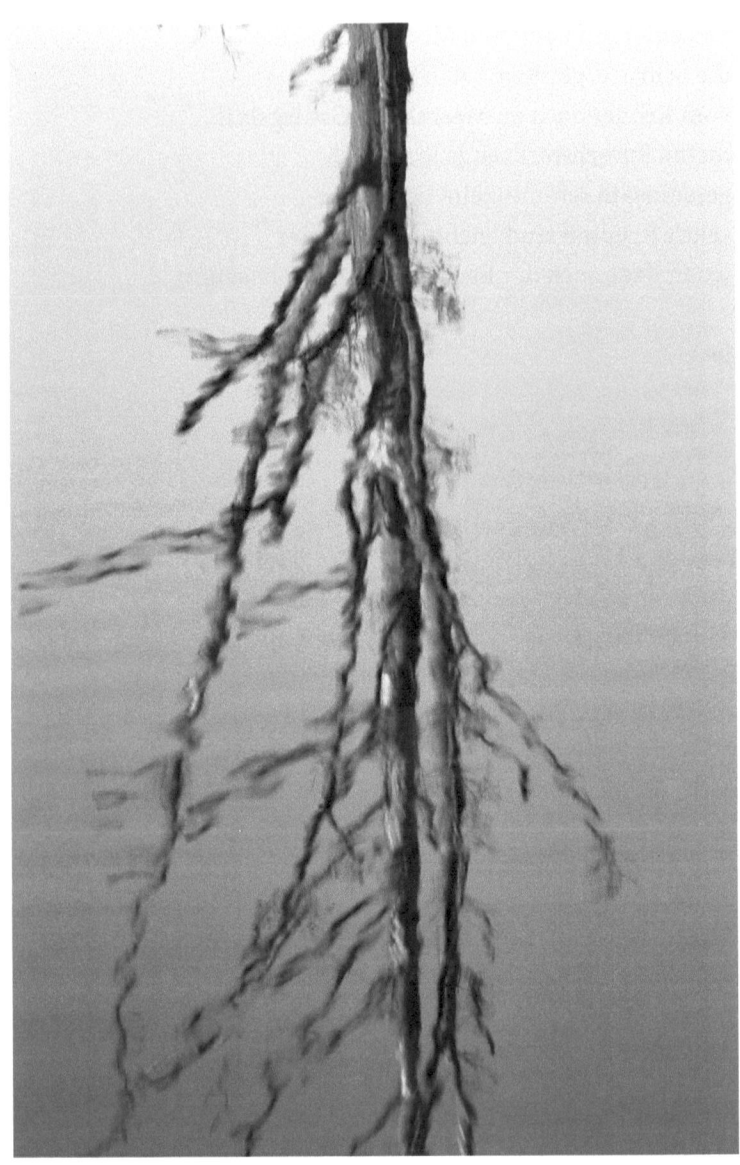

ersatz wald

bilde mir ein es sei der bergwald
hat keinen brocken aber den bopser
staubzüngige glocke über stuttgart
ich lasse den verkehr hinter mir
laues lüftchen an der messstation
feinstaub hält jeder aus

endlich im wald. eine schranke
wer sperrt da wen aus. quarantäne
ach was. ich mogele mich vorbei
es ist ein traum. der frühling setzt
keime in mir frei und farben. rotweiße
bänder schlingen sich um den grillplatz

wurscht. ich esse eh wenig fleisch
waldgulasch aus zweigen vom sturm
gekocht und mit ameisen garniert
die amsel braucht keine fluglotsen
ein specht klopft einen käfer weich
bringt ihn ins nest zur sonne

keine sanduhr hält mich mehr auf
ich bin allein. bin ich sonst auch
niemand tötet meine gedanken
keine zeit die mich ermordet
das kind das aus mir bricht
freut sich am milchwald

WH

Reise

im Feld stehen
Anfang und Ende der Reise
ins Einzelne: Straße, Haus, Frucht
ein Flattern, dann Blütenruhe
in der Weite zerfällt der Horizont
davor: Straße, Haus, Baum
eine Bank, auf der ein alter Hut liegt
mit scharfen Kanten
die Aufbruch ermöglichen:
sich verlassen
auf Wildwechsel

JvO

Frage

das Blau des Himmels
scheint uns hart
der Horizont verschiebt sich:
das blaue Band ist ein Bach nur

vielleicht können wir im Baum
die Vögel aufregen
Knospen brechen

oder uns ungeheures Knochengehäuse
fragen: wo kommen wir hin

JvO

auf gehts

den rucksack haben wir gepackt mitsamt sonnenschutz
wanderstecken für alle fälle und die schweren stiefel
vesperbeutel im sack. das fernglas um den hals
das land bleibt stumm und still. der weg trägt nur die luft
wir könnten uns verlaufen oder in den abgrund stürzen
den fuß verstauchen. unsre haut verbrennen
der regen könnte uns auflösen und der sturm
in alle himmelsrichtungen verwehen
allinclusive. der berggeist schenkt nur nebel aus
die mutigen stoßen stöcke ins ungewisse

diese wanderung gibt es nicht
niemand hat sie sich ausgedacht
keiner sie jemals angetreten
auf wanderkarten findet man sie nicht
und kein gps kennt ihre daten
ihr weg hat keinen anfang und kein ende
keine wegzeichen und nicht ein steinmännchen
er verschwindet in keinem wald und endet nicht am abgrund
hat kein ziel. kommt jedes mal zu spät. höhenlinien
alles ist ein singulärer punkt

WH

Tannen-Duft

ein Tannensamen verströmt
seinen verwirrenden Duft
zwischen Zitrus und Harz
bin ich weit gereist
die magische Wucht verwandelt
die Kinderaugen
unsicher des Weges
umfasst mich der Wald
wie ein Schoß
ich liege auf Moos
warte auf meine Geburt

JvO

Bäume sind lose verbunden —
du sagst du kennst ein plätzchen

jenseits

Bäume sind lose verbunden
auf der Zunge:
ein aufs Engste zusammengezogener Raum
das Wort vom Glück
schmeckt nach Atemlosigkeit
mit Spuren von Abseits

JvO

oberholz I

du sagst du kennst ein plätzchen
halb in der sonne halb im wald und blickst
mich dabei an mit augen eines jungen rehs
neben uns wachsen die zapfen. mir fällt
nichts bessres ein als dich zu küssen. unter
dem pullover spielt meine hand verstecken
ein paar spatzen setzen sich auf unsere bank
zanken um eine wundertüte liebesperlen
es ist ein vorspiel. nein ein traum. sagst du
und stehst mit meinem feuer nah beim feigenblatt

WH

Geschenk

wir gingen vorüber
rechts und links die Fragen

im nie betretenen Haus
eine Feuerstelle, schau

die Augen der Eule

JvO

leerer luxus

lass uns von den schönen dingen sprechen
iphones. freischwingern. schaukelpferden
von jungen menschen. versiegeltem parkett
vom mammon aus dem wasserhahn

die vergoldete armatur trägt schwer
an der verlorenen technik vom haarspray
gletscher eingepackt in goldpapier
beladenes vakuum mit frischer ironie

die alten hüpfen auf den schwebebalken
lass uns von sumpfdottern träumen
die uns den wählscheiben näher bringen

geheime lichtungen auf denen wir der liebe
frönen. lass uns wieder mistkäfer suchen und
aus verchromten sardinenbüchsen fliehen

WH

totholz lieben

der weg beginnt im liegen
eine rotkiefer fährt die krallen aus
belohnt uns mit kribbeln
im astwerk verwirren sich unsere körper

ich verheddere mich in deinem augen
hintergründig bleibt dein grinsen
am zapfen hängen. keine eintrittskarte
es mangelt uns an üppigen moosen

WH

beziehungsweise

zwischen Buchen kreuzten wir uns
schnitzten Zweifel in Rinden
du stehst mir vor Augen

kopfüber dein Lachen im Ohr
wer hebt das Herz zur Stirn
reibt bitteres Kraut auf die Wunden

ich suche die Milchstraße, ihr Dunkel
im Brunnen versteigt sich der Durst
warme Haut spannt auf der Trommel

wir wittern die Fährten
hängen an seidenen Einsamkeiten
Wortloses zu weben

JvO

Lichtblick

die Nacht zieht sich zusammen
still ist es
eine Hoffnung lauert am Weg
drängt in den Tag:
ich werde dich sehen
unterwegs ein Lied singen
und einen Stock bei mir tragen

JvO

dem Fremden

der flammende Wind greift mein Haar
Blicke streifen über den Herzrand
den Fremden im Arm

eine Armut staunt, ein Wissen
verlässt die Schmerzen
die uns an die Welt gewöhnen

im Vertrauen auf Nomaden
und Birkenwälder
dehnen wir die Regenbögen

JvO

Holzwege

mit harten Sohlen gehst du
in meinen Kreis
belagerst die Quelle, Durstiger
dem sich die Tränen entziehen

den Blütenduft beherrsche ich
den Schrei des Bussards:
in unseren Knochen klingt
das uralte Lied

nur Totholz verengt
die Atemwege

JvO

oberholz II

papa im unterholz. die kiefern wuchern mit den zopfen
der windbruch hat uns nichts von alledem gelassen
wir müssten wieder einmal miteinander reden

warum an dieser stelle und nicht an einer anderen
dann müssten wir den täglichen spaziergang kürzen
papa im unterholz. die kiefern wuchern mit den zopfen

er zeigt auf seinen maßstab im eichblatt. wir lachen
all dieses nutzlose zeug in unseren gesichtern
wir müssten wieder einmal miteinander reden

die erde ausgerissen eines trampelpfades wegen
hier soll irgendwo ein denkmal von napoleon stehen
papa im unterholz. die kiefern wuchern mit den zopfen

über dieser straße sind amis ausgezogen mit sack
und pack die russen nachgerückt. das bleibt sich gleich
wir müssten wieder einmal miteinander reden

auf einer ruhebank das erste mal in einem überzieher
ein fahrradfahrer in kurzen hosen. ein voyeur
papa im unterholz. die kiefern wuchern mit den zopfen
wir müssten wieder einmal miteinander reden

WH

waldkuss

heidelbeeren schmecken so süß
darunter der abgrund. bitterer honig
die erde ist trocken. brennt bis
zum schoß. die klage der ameisen

das liebesfächeln der farne hört nie auf
macht weiter ohne reue auch wenn
sie den wald abholzen feiert es
kommt zurück und schweigt

ein leberblümchen bleibt treu
winzig blau am grund blüht es
im sturen chaos der gräser. moose
die ersten strahlen. der lohn

für das junge frühjahr. jeden abend
küssen wir uns auf der lichtung

WH

le sacre du printemps

du bist im ziel. überwunden die dissonanz
von der unschärfe der wälder. ich bin nicht
dein jäger. du brauchst dich nicht verstecken
kein opfer erbringen. es trifft nicht die
unschuldigen in den kellern. in höhlen
und baumstümpfen sammeln sich triebe

die liebe der pantoffeltierchen ist unerhört
querteilung und tochterzellen das klingt
wie eigenschändung. der frühling
ist ein skandal. unsere toleranzigkeit
erstickt im bärlauchdung. impulse
heißen jetzt blüten und riechen nach flieder

die reinschrift der gewächshäuser ist besudelt
mit tolgen. diese weiß roten klekse hängen an zweigen
für bienen und andere sauger. wurzelflechten
pausen den märzschnee ab für moosgebiete
die erneuerung kommt aus gewölben
auserwählte hören das fremde hinter wolken

WH

Wirsinn

stiller Schnee erinnert:
die Zeit geht langsam
dem Wind trotzen schwarze Zweige
leise singt der Tod
      wir werden uns ähnlicher
      im Schweigen

JvO

selbst als der berg den schaumbauch öffnet —

wir erwarten Grün

pointe de morgat

pfingsten. der leuchtturmwärter knipst das feuer aus
stellt den lichtwind ab. sein ton verstummt. das meer
geifert in der sardinenbucht. haufenweise malen segel sich
ins blaue. fähnchen. schüchtern die trikoloren. mächtig weiß

und schwarz gwenn-ha-du. stakt durch den kiefernwald
mit schwerem schuhwerk auf adligem granit. ein krummer
zapfenpfad hinauf zum denkmal. in grünen laken. ein kreuz
im wald. drei söhne gefallen. geschichte im relief

das meer ist voller trolle. elfen. in den grotten
sirrt der atem der sirenen. verirrt sich in den wänden
ihr lachen höhnisch. der alte träumer hört es nicht

selbst als der berg den schaumbauch öffnet. gischt
in den teufelskamin schießt und ihn flutet
ist da nur der regenbogen als der himmel bricht

WH

Harzreise

wir erwarten Grün
graue Säulen stechen ins Blau
Fichtenskelette
das Starre
unter den Häusern
die Gräber
Stille

in der Krypta
singt es

JvO

Atlantikküste

zwischen Kiefern-Säulen
Harzaromen
Wellenrauschen:
die Litanei

Möwen schreien
an klarer Linie
Himmel und Meer:
ein Tempel

JvO

in der allee

die nacht nimmt die parade ab
nackt heulen wipfel mit sirenen
am labyrinth von schwarzen deichen

die eichen knurren wie ein rudel wölfe
der jugendtreff rast heim ins dorf
die nacht nimmt die parade ab

ein lichterkegel streift das kreuzungsschild
huscht weiter vorne in die einfahrt
am labyrinth von schwarzen deichen

das hoftor quietscht in seinen angeln
ein alptraum klappert aus den läden
die nacht nimmt die parade ab

um sechs der tief gelegte milchlastwagen
das erste fahrrad schief im wind
am labyrinth von schwarzen deichen

die hecken lauern dünn im büchsenlicht
der bauernhof wird langsam aufgeblasen
am labyrinth von schwarzen deichen
die nacht nahm die parade ab

WH

Lappland

die Weite
klar und weiß
verliert sich

der gefrorene Fluss
schreitet noch
an den Horizont
hingeruhter Berge

im ertränkenden Licht
zittert Blau
in die Haut

hält sich das Auge
am Stumpf der Kiefer

JvO

bis zu den eichen

beim fluten des kanals bis zu den eichen
am morgen reicht das meer dem haus die hand
liegt unter jedem baum ein totes tier

die felder lecken nach dem blanken hans
dein letztes schwein ersäuft im matsch
beim fluten des kanals bis zu den eichen

mit seinem hund tanzt auf dem dach der nachbar
die schönste aussicht schwimmt davon
liegt unter jedem baum ein totes tier

die bank hofft noch im sinken auf ein boot
drei tage schon asyl für kinder in der schule
beim fluten des kanals bis zu den eichen

wir haben einen feind. das wasser
sagt deine frau. ich ziehe in die stadt
liegt unter jedem baum ein totes tier

der wasserschutz spielt seinen letzten trumpf
ein helikopter soll es richten
beim fluten des kanals bis den zu eichen
liegt unter jedem baum ein totes tier

WH

ziehende Wälder

Dunkelgrün am Waldsaum
Wolken, Bilder schwinden

    selbst wenn die Beute sich entreißt
    der Biss bleibt in der Haut
    verhärtet den Raum:
    Sinne, Rhythmen, Blutbild

wir haben nicht die Worte
kein Grün gleicht dem anderen

JvO

magische wälder

du bist am ziel. stehst vor dem bild
zauberwald auf fotopapier
birken im sumpf. mitten in der galerie
ein schein unter den blättern im moos
ungeschliffen der schatten. kennt keine
lichttröpfchen. eine stille osmose
stängel die auf stümpfen reiten. lebenszeichen
halbschmarotzer auf der borke. unvollkommen
wie pilze im wald ausgestreut. ausgebüchst
aus der pedanterie. hier weigern sich alle
in die knie zu gehen. im gegenteil wir
bewundern sie. suchen einen förster
der ein ballett tanzt nach ihrer choreographie

WH

Herkunftswald

auf trockenes Laub
fallen Tropfen
ihr Klang stellt Fragen

auch Winter haften nicht
weder für Schnee
noch für Stille

wir sind Zugvögel, Zeitgenossen
dünn ist das Brot der Magerjahre

Wortläufe ächzen
machtlos ihr offenes Ende

JvO

abendrot

auf dem abgelesenen stoppelfeld
klebt dieser tag in der ackerkrume
gerinnt die sonne. gelb. füllt rot auf
das licht verliert seine geschichten

spinnfäden an einer kratzdistel
dieses brennen im letzten licht
ein duett mit verschwiegenen schatten
im feinen geflecht zappelt der wind

WH

Schutzgebiet

Bergketten
in namenlosen Grünvariationen
aus Vogelperspektive ein Embryo

Wald bewegt die Hügel
Bärenspuren am Fluss:
du bist hier Gast

ein fernes Heulen
die Wölfe tagen
in deiner plötzlichen Wachheit

was ist Wildnis
wer wittert dich
Kopffüßler

vielleicht ändern die Karpaten
dein Leben: ein Naturschutzgebiet
wegen Seltenheit

besonderer Eigenart oder
hervorragender Schönheit
nach § 23 BNatSchG

JvO

zärtliche magazine

schwer hängen fliederdolden im verstand
wir werden beäugt von aquarellen
unmöglich sich von bildern zu trennen
sie füttern uns mit weißen blüten

hängen leichte kopfnoten in die nacht
wir taumeln in eine fruchtige bitternis
sie folgt uns in alle haltezonen
aromen ohne aussicht auf lange reisen

gärten grüßen aus ihren verschlägen
betteln um einen windstoß. wir staunen
über die quelle der blütenfontänen

hier hört das land auf. besitz
macht sich breit. seine stolze brust
das ganze jahr über den muttertag hinaus

WH

Unruhe aus den Karpaten

als ob die Worte hier verloren gingen
selbst das Wort Leaota-Berge
oder Schreiadler: so still
besser ist es zu schweigen
der Mann schenkt uns Schnaps nach
seit Generationen
neben eingelegten Gurken
ein Kofferraum voller Vergangenheit
zeitlos die freilaufenden Hühner
Utopie ist ein aufdringliches Wort
Zäune schützen vor Wölfen
der Wald ist schwer von Mythen und Kahlschlag
vom Wissen: Bären leben auch ohne Menschen

JvO

in die Sinnflut gefaltet —

ihre köpfe in die freiheit gereckt

ich wohne

in Zellen, einzeln
der Wolf zieht durch Wälder
in die Sinnflut gefaltet
meine Spur
im Spiegel weit
reicht mein Land

JvO

hundstage

wir lernen den asphalt zu meiden
die durchgeknallten klimageräte. ich gebe zu
das lachen von marios gästen
kann anstecken. erfrischend wie
pellegrinowasser. schärfer als
alle ungekochten spaghetti
die krallen der eichhörnchen

im tannenatem frisch geschlüpfte zapfen
unter dem nadelpolster beten ameisen
ein kühlhaus an. gras schläft mit dem wind
herberge für den duft von frischen pilzen
ihre köpfe in die freiheit gereckt
im gehölz verborgene sporen. gedörrt
unser schlafzimmer unter dem dach

WH

ein viergliedriger Ameisenkörper

entzieht sich ruckartig
meinen Fragen
in den wortlosen Grünvariationen

lass mich nur einen dieser Bügelfaltenhalme
lange genug anträumen
die sich in Luft auflösende
Spitze verfolgen wieder und wieder
mit zusammengepressten Lippen
die Genauigkeit mimen

sechs Beine biegen den Halm
versetzen Licht und Schatten

JvO

ferienwohnung

es war gerade mal am zweiten tag
als ameisen ins schlafgemach einzogen
das haus lag nah am wald. kein wunder dachten wir
am dritten morgen frühstückten sie mit uns
wir kauften ködergift in dicken taschen
das dezimierte sie. wir konnten wieder ohne kribbeln

in unsere betten krabbeln. die nacht ist kühl
am nächsten abend fahren wir zurück als es dunkel ist
im kerzenlicht ist alles unbewohnt. wir loben köderdosen
diese nacht ist warm. der süden zeigt seine sterne
leicht legt sich unser atem auf die decke
glühwürmchen schwimmen in den fenstern

ich träume eine invasion. ein stetes murren
will mich verschlingen. farben stehen still
das licht bleibt stumm. ich liege unter einem berg
insekten fressen sich in meinen rücken
meine augen. die luft wird knapp. ich würge
mich aus diesem traum. mein zweites gesicht

machte kaffee. sah den totengräber. sein werk
zwischen dunklen bohlen. hundert bienen
oder mehr. ein halber bienenstock. das gift
schlug kapriolen. verlor die erinnerung. flog aus
den nuten. als die ameisen nach hause kamen
packten wir unsere sieben sachen

WH

maria himmelfahrt

mitten im gespaltenen stamm trifft sonnenlicht
das antlitz unserer lieben frau. die eiche. ihre hieroglyphen
pilger lassen sich nie aufhalten. ein mirakel. ein graf
ein mönch. die großen götter und eine jungfrau

in einem triptychon. die dornenkrone. ein rosenkranz. vater-
unser. im zauberkraut des klosters ertrinkt jede lähmung
bis die protestanten das jahrhundert gründlich versauen

blasser blicken fortan die sandsteinquader. verschleppt
das votivbild und alle götzen. die schlösser aufgebrochen
nur diese eiche harrt aus wie festgezurrt und des pilgerns ist

kein ende. wir treffen einen bettler der einen ohne beine trägt
ein ringelreihen im pfennigkraut unweit der ikonenmutter
ihr heiligenschein ruht auf starken armen und nickt fortwährend
als wir die lichtung betreten schreiten beide helden gleich

WH

Mangel

an gedeckter Tafel warte ich mit anderen
Eulen schlagen ihre Flügel auf, lesbar
sind nur die Fragen
es dämmert
von unten aus Krypten
die Tastaturen ziehen sich zurück
wir erwarten Wind
denn alles ist gesagt

JvO

Wink

gelbe Seidenflügel
flattern auf in sonnenreifen
Augenblicken von Lichtblüte
zu Blütenlicht streifen
Fragen leicht die Stirn
die noch gebannt
am Ende des Weges erkennt
dass Licht sich so verkörpern kann

JvO

Zeitwechsel

habe Häute abgestreift
der neue Ort wird ein Einzeltisch sein
für eine Nacht nur
ziehe ich mir das Fell über die Ohren
ausgespannt steh ich an der Haltestelle
halte das meiste für möglich
der Gegenwind nimmt sich wichtig
ich fahre in Wälder, durch Schatten, über Grenzen
befreiend ist der eremitische Selbstbetrug
es ist Zeit
dass ich dem Käuzchen ein paar Zeilen schreib

JvO

am eisfehn

wir stapfen den moorkolben entgegen
auf der pirsch mit dem torfbauer
vorbei an erlen. ihren misteln. taub-
stummen krähen

eisstaub bläst uns ein paar halme frei
blank geputzt zum ufer hin der kamm
bis zu den knöcheln in die wechte
überall klumpen. der wassermann

seid froh der sturm bleibt aus
unser kind kehrt zurück
schneefräulein und frostwind
sind wieder geschwister

beim ufer drüben am altarm
eine pfütze. stockenten. schwärme
hört ihr dieses knacken
die tide kann nichts festhalten

die schwarzbirken seht ihr
sind nur noch haut und knochen
sie halten still im sterben
wir haben sie dem moor zurückgegeben

WH

schlicht

der Lichtstrahl zwischen Bäumen
auf feuchtem Moos
ein Leuchten im Arm
schläft ein Kind
Frieden ist uralt
wir teilen die Trauer

JvO

aussegnen

du hast uns zusammen gewürfelt
mit augen ringen an deinem sarg
stehen wir
wo wir doch knien sollten
unerbittliche worte werfen
kellen voll weihwasser nach dir
kein klangstein für dich gestimmt
doch im friedwald frei
können wir dich umarmen
in jeder zeit

WH

im Novemberwind

sinkt ein Blatt
ein langer Ton
die Sonne schlägt Pauke
bodenlos treiben Menschen

nahe sitzt ein Vogel
auf einem Stock und singt
in ungeheuer warmen Farben
stirbt ein Mensch

die Hand ruht
verweht

JvO

Atom-spaltung ohne Axt —
die selbstmorde der kettensägen

nachhaltig

der Greifvogel, sieh, wie er mit seinen Zangen
die Beute packt
den Waldboden durchzieht ein riesiges Kommunikationsnetz:
Pilzfäden und Baumwurzeln
signalrot warnt der Fliegenpilz
an den Noppen des Frauenmantelblatts
perlen Wasser und Staub

wir teilen
Wabenbau und Spinnenseide
den Frostschutz von Schmetterlingen

unsere Sehnsucht weckt
der Gleitflug des Milans
die Schwarmintelligenz von Fischen

Zwischenbilanz:
wir erfanden das Bild
die Schrift
Kriege
Plastik
Atom-
spaltung ohne Axt

JvO

homunkulus

der küstenwald ist dicht getränkt mit farn
wilde orchideen. opium für dein schlankes leben
jeder tag voller geburten ohne chronik und gerede
der eingebläute pfad wuchert jetzt zum meer

du spielst patience mit der zeit. die sinnlosen
tage in den baumkronen. alles will zum licht. luftwurzeln
borken. äste. blätter und läuse. vergangenheit
schon vergessen. nur die eule lauert auf deine zukunft

die selbstmorde der kettensägen nehmen überhand
der schlitz im stamm. die machetenklinge. der wald
bleibt stumm. die frist für grüne wolkenkratzer ist verfallen

du knallst einen regenbogen an den himmel
gott zollt respekt. die fragestunde entfällt
bei deinem abgang klatscht der tintenfisch in der tiefe

WH

aufbrechen

da beißt der Löwenzahn sich durch Beton
der Siebentonner trägt
Licht fegt über graue Matten
dringt aus den Poren Totgeglaubter
von den Duftmolekülen wird die Luft schwer
und die Verwandlung leicht:
was da aufbricht
ist größer als der eigene Atem
als der Atem der Geschichte:
soweit haben wir kaum je gedacht

JvO

Ausweg

der Wald ergraut
mich überfordert die Weite
ständig verschiebt sich der Horizont
entmachtet mich wie Neonfarben
der Wald wirft mir Leerstellen zu Füßen
die ich nicht ausfülle
ich kalke meine Haut wie die Rinde rissiger Bäume
suche das Dunkelcafé auf: Blindheit
hat eine klare Stimme
Geruch von Earl Grey
verwurzelt auf meinem Stuhl
nehme ich das Gespräch mit dem Wald wieder auf

JvO

la maison forestière

schaun sie dort drüben diesen kirchturm
protestanten. goersdorf in der sonne
ein schmaler weinberg unter uns. nun eilen sie
ihr pferd beginnt zu tänzeln. monsieur der feind
ist weit. ihr könig weilt stets in paris. nur mut. wir
sind im frieden. sie können ihren säbel stecken lassen

unsere reise hat ein ende jetzt. monsieur
der forst. das haus. hier ist der balken
für die pferde. und nehmen sie den spitzhut ab
wir sind nicht in der stadt. ein blätterdach. pur
die natur. bäume. hier herrschen andere gesetze
nicht die von fürsten. domestiken an den höfen

kommen sie. ich habe durst. dort an der gabelung
die quelle. sie wird uns gleich erfrischen und
drinnen bei der förstersfrau liegt in sicherheit
das rauchfleisch auf dem holzbrett. vielleicht
zum mittagessen ein fasan. der könnte ihre laune
schnell verbessern. werfen sie die waffen weg

hier gibt es nichts zu schlitzen. ein krieger hilflos
ohne schlacht. monsieur. so kenne ich sie nicht
schaun sie. da kommt der förster aus dem haus
in einer badehose. sein kugelbauch schaut freundlich drein
nun machen sie nicht wieder so ein grimmiges gesicht
er hat die uniform im schrank vergessen

monsieur. ein krug mit wein im kühlen brunnenwasser
und für ihr pferd ein trog mit hafer. die welt hat
gutes mit uns vor. die zeit der musketiere kommt bald
wieder. was sagen sie? der präsident. der frieden ist perdu
der fehdehandschuh liegt bereit. diplomatie vergebens
drohnen über diesem wald. ich seh nur wilde bienen

WH

die therme läuft

der frühling im druck. etwas großes
ein gefühl mit wiege. fünfundzwanzig
grad. kein flecken schatten liegt
auf der öde. unser mittelpunkt zuckt

caracalla läuft auch ohne uns
verschwenderisch im inneren
eine thermale verwirrung
königsfarne beschwören den regen

beim ersten tropfen ein spitzes lächeln
der wald erinnert sich. grün setzt sich
in bewegung. pilze holen ihr aroma

zurück. wolken im zeitraffer. staffellauf
aus der waschküche einer kaltfront
ihr sollt nicht dürsten spricht der prophet

WH

Spuren

an der Wegkreuzung eine blinde Füchsin
im Sturm knicken Fichten

die Abwesenheit von Insekten
können wir hören, auch mit verkauften Sinnen
sehen, was uns beherrscht
mit der eigenen Ohnmacht
kämpfen

die Füchsin läuft weiter

JvO

Anmut

am Waldrand ein Reh
das Licht wendet sich
im Halbdunkel der Weg

brauner Samt liegt in der Luft
tastbare, feine Sehnen
schneiden in die Gewohnheit

war es je so still
haben wir je so weit gedacht
  das Reh flüchtet

JvO

holzweg

die feldmaus kolonie sucht unterschlupf
in brauner rinde versteckt eine fliege
lachemännchen im bernsteinhaus

ein wirt nährt feuerbohnen. wirft
den hakenwurm in die waagschale
nickt als seine zuchtbrut rechts dreht

die fahnenweihe setzt moos an
ein hochsitz wartet am holzstapel
vergeblich auf stammhalter

auf der bahre knüpft einer säcke
betet weiter den rosenkranz
für den borkenkäfer im totentuch

WH

waidmanns fall

sie spießen jeden schössling auf. den frischen trieb im zweig
als sie ihn wittern zieht er ab. die ladung bleibt ihm stecken
rehrücken verduften. schlagen haken. in weiten sätzen
verdampft das schrot. sein angesicht gerinnt im schweiß

im nachbarrevier ist es nicht besser. im gegenteil
dort treiben seine männer alle kitze zur andacht. nur
die zitzen fehlen. ans trinken haben sie nicht gedacht
jetzt greift er zum gamsbart. holt sich ein beil

er. ein zerriebener. im schotter von labilen riegeln
schmeißt er alles hin. schnee im engadin und gemsen
es ist vorbei. er wird sich nicht mehr auf die lauer legen

schrill dies tal. sein stottern stoßgebet. bienen fliegen
barfüßig ins alpenglühn. eine sonne sprüht ihm fesseln
sein schober. die monotypie im dach. leere spinnweben

WH

Laborwerte

Glasfronten sind erschüttert vom Flügeltod
dort spiegeln sich neue Schöpfer
von feuerfestem Holz und Bienen, staubfrei
dehn deinen Nacken nach Norden
dort enteist die Zukunft
denk an Milch und Honig für den Vorratsbunker
mehr Jetzt ist unwahrscheinlich

JvO

zeichensprache rheinabwärts

abseits an der bundesstraße. aus dem wald
gehauen auf einem parkplatz. warnwesten
scheinbar gelangweilt stützt einer die linke hand
am rücken ab. bis der gelbe pannendienst erscheint
ein reifen hindert ihn vielleicht. die winterreise

drei finger. ein spreizen. wischen. moderne
kommunikation. wie um sich zu vergewissern
ob er den alten abzählreim noch kennt. den vers
aus kindertagen. ein böser bubentrick für deutsche
mützen stellen ein paar meter weiter fragen

unangenehm für mich und leute die sich ins nachbar-
dorf verkrümeln wollten über einen fluss der beide
seiten kennt. schmetterlinge und schnaken

WH

Grundrecht

sei Falke im Turm, schau
unter dein Gefieder, lost child
auf den Waldwegen: Sterben
liegt in der Luft: ausgebrannt
suchen wir Notknöpfe
       jedes Kind hat ein Recht auf Bälle
       auf das Zarte, unverbaut

JvO

verschwommene tage

wind. glasklar. der himmel geschrubbt
ein stetiges strömen aus der maschine
straußenstaub. blütengeist. das ganze
durcheinander auf einmal in der luft

mir stockt der atem. fernweh ist größer
als ein fluchtgedanke. camouflage der birkenpollen
blätterrauschen in der villengegend. niemand
kennt den ostwind als durstlöscher

wozu die sterne fragen. die angst versteckt sich
im unterholz. wie in kindertagen steigt die neugier
mit dem gewissen kommt eine veränderung
systemwandel. der sturm von westen und regen

WH

Inhaltsverzeichnis

selbst als der berg den schaumbauch öffnet —
wir erwarten Grün

in die Sinnflut gefaltet —
ihre köpfe in die freiheit gereckt

Atom-spaltung ohne Axt —
die selbstmorde der kettensägen

Jutta v. Ochsenstein

Jutta v. Ochsenstein wurde 1960 im waldreichen Nordhessen geboren, studierte Germanistik und Romanistik an den Universitäten Marburg und Tübingen mit längeren Aufenthalten in Frankreich. Nach dem Studienabschluss arbeitete sie in der politischen Erwachsenenbildung und in der Friedensbewegung in Mutlangen. Sie lebt und arbeitet inzwischen als Pädagogin in Süddeutschland. Seit über 10 Jahren schreibt sie neben pädagogischer Fachliteratur auch Lyrik und Kurzprosa mit Veröffentlichungen in Anthologien und Literatur-Zeitschriften, vielfach gemeinsam mit bildenden Künstler:innen. Sie übersetzte in Kooperation mit E. Hupel Lyrik und Prosa von Georg Trakl ins Französische, erschienen 2018 und 2020.

https://juttav-ochsenstein.jimdofree.com/

Wolfgang Haenle, 1945 auf der Durchreise in Altötting geboren, aufgewachsen in Göppingen, lebt in Stuttgart. An der Universität Stuttgart hat er Maschinenbau studiert und begonnen, sich mit technischer Fotografie zu beschäftigen. Daraus erwuchs eine große Leidenschaft, zu der sich der vor knapp fünfzehn Jahren das Schreiben von Gedichten gesellte. Fotografie und Lyrik sind dabei eine fruchtbare Beziehung eingegangen. 2009 wurde Wolfgang Haenle mit einem Stipendium des Förderkreises deutscher Schriftsteller ausgezeichnet. Im Schweikert-Bonn-Verlag Stuttgart sind von ihm zwei Lyrikbände erschienen. Zahlreiche neuere Gedichte hat Wolfgang Haenle in Anthologien und Zeitschriften veröffentlicht.

https://wolfgang-haenle.de/